데카르트의 사악한 정령

"데카르트"

DESCARTES

데카르트의 사악한 정령

"데카르트"

장 폴 몽쟁 씀 | 프랑수아 슈웨벨 그림 | 박아르마 옮김

DESCARTES

함께읽는책

Le malin génie de Monsieur Descartes
by Jean-Paul Mongin & François Schwoebel
Copyright © Les petits Platons, 2010, All rights reserved.
Translation copyright © 2013 by Cobook
This book is published by arrangement with Milkwood Agency, Séoul

환희에 사로잡힌 데카르트 선생은 가장 좋은 펜을 꺼내 들었다.
사악한 정령이 그에게,
육체를 가지고 있다는 환상, 어떤 세상에 살고 있다는 환상,
3 더하기 2는 5라는 환상을 불어넣었는지도 몰랐다.
이 모든 것에도 불구하고 데카르트 선생은
절대적인 확신을 가지고 단언할 수 있었다.
"나는 생각하는 어떤 것이다!"

목차

1. 데카르트는 프랑스에서 태어났지만 1629년 네덜란
   드로 이주하여 철학 연구에 몰두하고 주요 저서들을
   집필했다. _ 이하 역자주
2. 바뤼흐는 데카르트의 영향을 많이 받은 철학자 스피
   노자Baruch de Spinoza의 이름이기도 하다.

1629년 네덜란드, 어느 평
화로운 겨울밤에 있
었던 이야기이다.[1] 점잖은 신사이자
군인이고 여행가인 데카르트 선생
은 자신의 책상 앞에 앉아 있었다.
그의 옆에는 연기를 내며 활활 타오
르는 따뜻한 난로가 있었다.
온 도시는 데카르트 선생이 기르는
앵무새 바뤼흐[2]처럼 이미 오래 전부
터 잠들어 있었다. 그사이 데카르트
선생은 세상의 위대한 책들을 해독
하며 렌즈의 적절한 연마 방법과 천
체에 대해 연구했다.

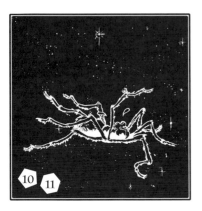

1. '사악한 정령' 혹은 '속임수를 쓰는 신'은 데카르트가
자신의 저서 《제1철학에 관한 성찰》에서 회의적인 가
설들을 다루기 위해 쓴 용어이다. 즉 '사악한 정령'은
우리가 당연시하는 감각과 경험을 속이는 가상의 힘을
말한다.

눈이 내리기를 그치자 밝은 달빛이 앵무새 바뤼흐를 비추었고, 엄청나게 큰 그림자가 방 안 가득 생겨났다. 한순간 데카르트 선생은 그림자 속에서, 환상을 만들어내는 사악한 정령[1]을 발견했다는 생각이 들었다!

그런 생각이 들자 데카르트 선생은 자신의 방과 네덜란드, 그리고 이 세계가 아주 낯설게만 느껴졌다. 아마도 사악한 정령의 속임수인지도 몰랐다. 충성스러운 앵무새 바뤼흐와 데카르트 선생의 몸은 실재가 아니라 단지 헛된 생각에 불과하단 말인가?

데카르트 선생은 의심하기 시작했다.

"나는 어린 시절부터 지금까지 잘못된 사상을 사실로 받아들인 적이 조금도 없었던가? 태양이 지구 둘레를 돈다고 믿었던 시절에 말이다."

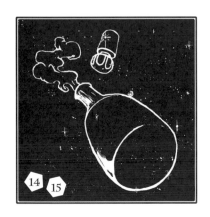

"나는 이따금 나의 감각이 잘
못된 것이라고 느낀 적이
조금도 없었던가? 심지어 그런 감각
에 의지하여 검술 교본에서 어떤 속
임수를 찾아낸 것은 아닌가?
하지만 나는, 내가 실제로 여기 내
방 난롯불 옆에 있다는 사실을 이성
적으로 의심할 수 있을까? 이 두 손
과 이 몸이 내 것이라는 사실을 어
떻게 의심할 수 있을까?"

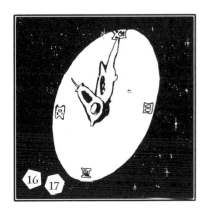

"아니면 내가 미치광이들과 다를 바 없는 것은 아닐까? 지독하게 가난하면서 왕이라 우기고, 완전히 발가벗은 채 투명한 몸을 지녔다고 상상하면서 황금과 비단으로 된 옷을 입었다고 주장하는 미치광이들 말이다."

"미쳤어! 미쳤어!"

바뤼흐가 꽥꽥거렸다.

그렇지 않으면, 데카르트 선생은 꿈을 꾸고 있는 것일까? 아니면 자신이 꿈을 꾼다고 생각하는 것일까? 혹은 그는 자신이 꿈을 꾼다고 생각하는 꿈을 꾼 것인가?

"만약 하늘과 공기 그리고 땅이, 색채와 형상 그리고 소리가, 나의 두 손과 두 눈 그 모든 감각들이, 단지 꿈의 한 토막에 불과하다면, 나는 정말이지 무엇을 확신할 수 있는가?"

"어쩌면 바로 그 사악한 정령이, 나로 하여금 시간과 공간 그리고 수數에 대해 느끼도록 만들었는지도 모른다. 그것들은 애초에 존재하지도 않았던 것이 아닐까? 3 더하기 2는 5가 아닐지도 모른다. 사악한 정령이 내가 그런 계산을 할 때마다 착각하도록 만든 것은 아닐까?"

데카르트 선생은 어떤 확신에 이르기 위해 사악한 정령의 속임수를 믿지 않기로 결심했다. 그는 이제 더이상 어떠한 명백함도 자신에게 강요하지 않을 것이다. 아무것도, 그 누구도 정말로 존재하지 않는 것처럼 말이다. 바뤼흐가 비스듬히 고개를 돌려 그를 쳐다보았다. 데카르트 선생은 완전히 혼자였다.

1. 고대 그리스의 수학자이자 물리학자인 아르키메데스
   는 지렛대의 원리를 발견하고 증명했다. 그는 왕에게
   지렛대와 지렛목(받침점)만 있으면 지구를 움직여 보
   이겠다고 호언장담했다.

데카르트 선생은 자신의 친구
아나톨 아르키메데스를 떠올
렸다. 아르키메데스는 확실한 받침
점 하나만 있으면 지구를 들어 올려
다른 장소에 가져다 놓을 수 있다고
주장했다.[1]

"마찬가지로 나는 확실하고 더 이상
의심할 수 없는 어떤 것을 발견해야
만 한다."

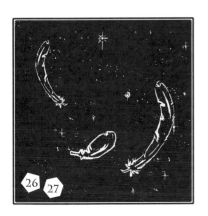

그러나 한 가지 확실한 것이 남아 있다. 바뤼흐의 겉모습으로 나타난 사악한 정령은 끊임없이 데카르트 선생을 속이고 그의 정신을 망상으로 채우려고 애썼지만, 그 같은 술책의 희생자인 데카르트 선생 자신은 실제로 존재하고 있다. 왜냐하면 그는 이 모든 것들을 생각하고 있기 때문이다!

"유레카!!! 나는 생각한다, 그러므로 나는 존재한다. 이것이야말로 확실한 것이다!"

환희에 사로잡힌 데카르트 선생은 가장 좋은 펜을 꺼내 들었다. 사악한 정령이 그에게, 육체를 가지고 있다는 환상, 어떤 세상에 살고 있다는 환상, 3 더하기 2는 5라는 환상을 불어 넣었는지도 몰랐다. 이 모든 것에도 불구하고 데카르트 선생은 절대적인 확신을 가지고 단언할 수 있었다.

"나는 생각하는 어떤 것이다!"

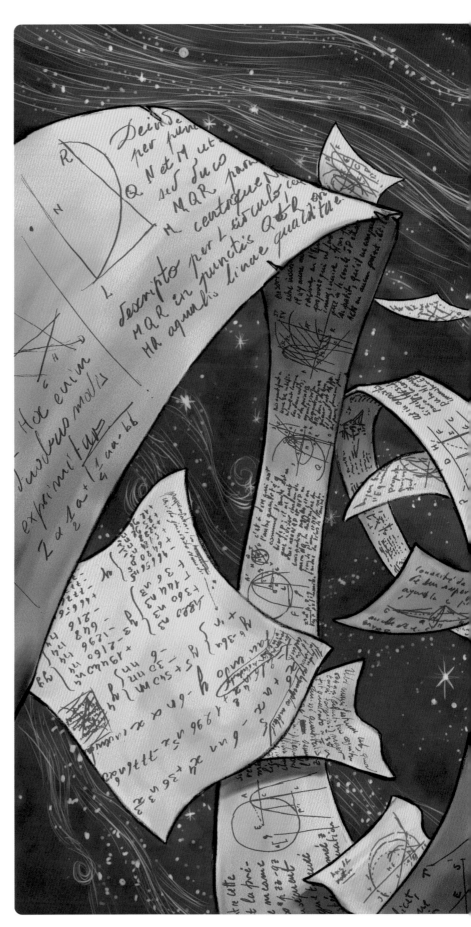

그렇기는 하지만 데카르트 선생이 단순히 '생각하는 어떤 것'이라면, 그는 자신을 둘러싸고 있는 세계를 어떻게 알 수 있었을까? 그 세계는 사악한 정령이 만들어 낸 환상이 아니었을까?

데카르트 선생은 책상 위에서 밀랍 한 조각을 집어 들었다. 밀랍에 담겨 있는 꿀은 아직 달콤했고 꽃향기가 풍겨져 나왔다. 밀랍은 단단하고 차가웠으며, 툭툭 건드리면 둔한 소리가 들렸다. 데카르트 선생은 그것을 난롯불 가까이로 가져갔다.

달궈진 밀랍 조각은 녹기 시작했고 본래의 형태를 잃어 버렸다. 데카르트 선생은 그것을 다시 한 번 툭툭 건드렸고 뜨거워진 밀랍에 손가락을 살짝 데었다. 밀랍에서는 더 이상 아무런 소리도 나지 않았다.

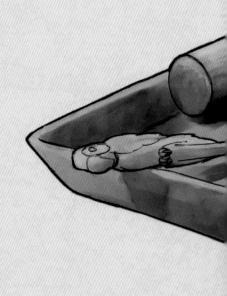

" 그렇다고 해도 똑같은 밀랍 조각임에 틀림없다…… 하지만 밀랍은 더 이상 꿀 같이 부드럽지도 않고, 기분 좋은 꽃향기가 나지도 않으며, 이전의 형태도 소리도 지니고 있지 않다…… 나는 똑같은 밀랍이라고 생각하지만 내 감각은 다른 것이라고 느낀다…….
어떻게 나는, 그렇게도 다르게 느껴지는 그 밀랍을 알아볼 수 있을까?"

데카르트 선생은 선술집에서
나와 뒤늦게 귀가하는 사람
들의 소란스러운 목소리를 듣고 창
가로 다가갔다.

"나는 거리에서 모자와 외투가 걸어
다니는 것을 본다. 그곳에서 나는 사
람들을 알아본다. 왜 그들은 유령과
같은 모습들을 감추지 못하는가? 깃
털로 덮여 있는 앵무새 바뤄흐는 단
지 용수철로 움직이는 자동인형에
불과한 것인가? 어째서 내 밖에 있
는 그 모든 것들은, 그것들을 보거나
상상하는 데카르트, 즉 나에게 속해
있는 내 존재와 다른 것일 수 있는
가?

마 침내 데카르트 선생은 자기
자신의 정신밖에는 결코 알
수 없게 되었다. 그래서 그는 잠자리
에 들기로 하고 촛불을 껐다.

"이제 나는 눈을 감을 것이다. 귀를 막고 듣지 않을 것이다. 나는 나의 모든 감각들을 다른 곳으로 돌려놓을 것이다. 내 생각의 모든 이미지들을 지워 버릴 것이다. 나는 성찰을 통해 나 자신을 알고 나 자신에 익숙해지기 위해 애쓸 것이다."

"너 자신 말이야!"

막 잠들려던 앵무새 바뤼흐가 날카로운 소리로 외쳤다.

1. 데카르트는 어린 시절 눈이 사시였던 한 소녀를 좋아
   했고, 그 후 어른이 되어서도 사시인 여성에게 특히
   매력을 느꼈다고 한다.

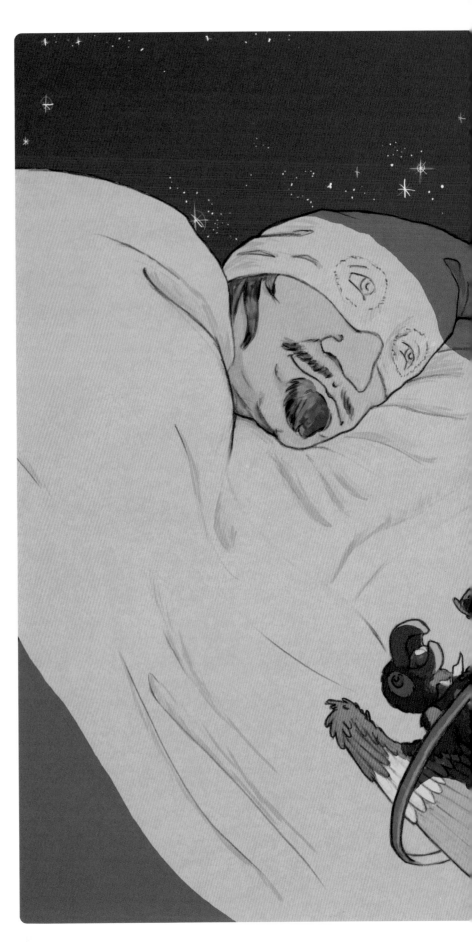

데카르트 선생은 수면 모자를 깊숙이 뒤집어쓰더니 자기 자신의 정신 속으로 빠져 들어갔다. 그는 자신의 정신 속에서 확실하고 명백한 어떤 것들을 찾으려 애썼다. 수많은 생각들이 그의 정신 속에서 맴돌았다. 땅, 하늘, 천체, 눈이 사시였던 귀여운 첫사랑 소녀,[1] 남아 있는 밀랍 조각, 그리고 그가 과거에 만났던 모든 것들이 떠올랐다. 하지만 문제는, 그런 생각들이 실제의 것들과 관련이 있는지 확인하는 일이었다.

"가령 나는 태양에 관한 생각을 머릿속에 떠올린다. 하나는 내가 어제 하늘에서 보았던 아주아주 작고 빛나는 태양이다. 그런가 하면 천문학에서 배운 또 다른 태양이 있다. 그 태양은 지구보다 훨씬 커 보인다. 이처럼 다른 두 가지 생각이 동일한 태양을 이야기하고 있다니!"

" 그런데 분명히, 태양에 관한
생각들이 어디선가 내게
떠올랐다. 적어도 그런 생각들 자체
에 있어서 만큼이나 그런 생각들의
동기 속에도 실재성이 존재하는 법
이다."

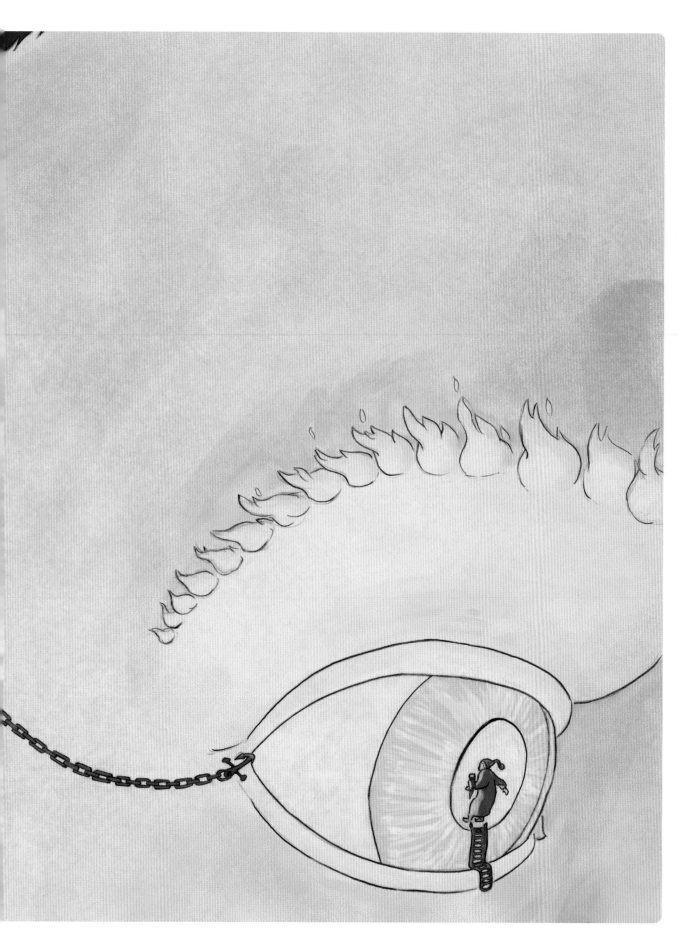

데카르트 선생은 깊은 잠에 빠져들었다. 꿈속에서 직공이 된 그는 분주한 모습으로 가공할 만한 성능의 기계를 만들고 있었다. 그 기계는 데카르트의 재능과 앵무새의 수완으로 고안해 낸 것이었다. 기계의 작은 부품들은 그의 머릿속에서 끄집어 낸 생각만큼이나 많았다. 그는 서로 뒤엉켜 있는 이 모든 생각들을 들여다봄으로써 그 바탕에서 하나의 근본적인 개념, 분명하고 명확한 생각을 어렴풋이 보았다고 믿었다. 자기 내부에 일체의 실재성과 완전함을 가지고 있는 생각 말이다.

ㄱ는 무한하고 영원하며 아주
강력한 무언가에 대한 생각
을 발견했다. 그 생각을 통해 그 자
신과 우주가 창조되었다.

데카르트 선생은 이 같은 '완전한 생각(관념)'에 대해 곰곰이 생각함으로써, 이전에는 결코 느끼지 못했던 놀라운 기쁨을 경험하였다. 그는 이 같은 생각을 '신'이라고 불렀다.

" 유 한하고 불완전한 존재인
내가 어떻게 무한하고 완
전한 존재인 신에 대한 생각을 내
안에서 구상할 수 있단 말인가?"

"신에 대한 그 같은 생각이 어떻게 해서 내 머릿속에 떠오른 것일까? 나 자신의 감각을 통해 신을 만난 적이 결코 없었음에도 불구하고 진실로 무한한 존재에 관한 그런 생각이 내게 분명히 떠올랐으니 말이다…… 신이 나를 창조할 때 내 머릿속에 그런 생각을 불어넣은 것일까? 직공이 자신의 작품에 이름을 새겨 넣듯이 말이다."

잠에서 완전히 깨어난 데카르트 선생은 자신의 정신 속, 보물 창고 깊은 곳에 신이 넣어 두었던 무한한 존재에 관한 생각을 곰곰이 짚어 보았다.

"자, 그럼 생각해 보자. 신은 무한하다, 신은 전지전능하다, 신은 일체의 절대성을 지니고 있다, 결국 신은 부족한 것이 없다. 따라서 신은 존재하지 않을 수 없다! 존재한다는 것은 명백히 신에게 속해 있다는 뜻이다. 계곡이 산에 속해 있고 세 개의 면이 삼각형에 속해 있듯이 말이다 …… 그리고 신은 완전하기 때문에 내가 잘못 생각하기를 원치 않을 것이다…… 하지만 정말 그렇다면, 완전한 신이 만든 세상의 사물들이 내게 의심스럽게 보여서는 안 되는 것 아닌가?"

바뤼흐에 대해 말하자면, 그 앵무새는 거미줄에 운 나쁘게 걸려든 작은 벌레를 지대한 관심을 가지고 노려보고 있었다.

데카르트 선생은 물질적인 것
과의 관계를 끊는 경험을 하
고 싶었다. 그는 침대 속으로 기어들
어가 베개를 뒤집어쓰고 두 귀를 틀
어막았다. 하지만 자신의 머리를 감
싸고 있는 두 손과 이불의 무게, 창
문 아래 가게 진열대에서 올라오는
갓 구운 맛있는 빵 냄새를 지각하지
않는다는 건 불가능했다. 이 모든 것
들이 상상의 결과물에 지나지 않는
다고 해도, 데카르트 선생은 그것들
을 완전히 모른 체 할 수는 없었다.

"너무나 기이하게도, 생각하는 무엇인 나는 내가 나의 것이라 부르는 이 몸에서 완전히 벗어날 수 없다! 또한 갓 구운 빵 냄새 때문에 내 머릿속에 어떤 기쁨이 솟아나는 것 같기도 하다."

데카르트 선생은 영혼과 육체의 결합을 경험했다. 하지만 그는 어떻게 그것이 결합되었는지 이해하는 데까지는 이르지 못했다. 선천적으로 정신과는 전혀 다른 위胃의 움직임이 어떻게 그에게 먹고 싶다는 욕구를 불러일으킨 것일까? 육체가 느끼는 감각이 마음속에서 생겨나는 표현과 관련이 된다는 말인가?

데카르트 선생은 전투가 벌어지던 날의 밤을 기억해 냈다. 그날 밤 그는 사지가 잘려나간 군인들이 고통스러워하는 모습을 보았다.

"몸이란 도대체 무엇을 할 수 있지?"

앵무새 바뤼흐가 물었다.

데카르트 선생은 비슷한 환상을 경험한 적이 있었다. 그가 꿈속에서 본 자신의 몸을 움직이게 하는 기계는, 방금 전 그에게 나타났던 모든 것들만큼이나 실재인 양 느껴졌다. 그는 자신의 감각을 믿을 수가 없었다.

"그렇다면, 이렇듯 혼란스러운 일들이 일어나는 육체와, 나 자신이자 내가 가볼 수 있는 정신을 서로 분리해서 생각하는 편이 나을지 모른다⋯⋯."

데카르트 선생은 침대 밖으로 슬며시 나오다가 이곳저곳으로 날아다니던 바뤼흐를 밟고 말았다. 그러자 앵무새는 꽥하고 소리를 질렀다.

악! 새끼발가락을 심하게 물린 데카르트 선생은 바뤼흐와 싸움을 벌였다. 하지만 아침 식사를 전혀 못한 앵부새는 거저 읻은 맛있는 음식을 놓아 주지 않았다. 데카르트 선생은 자신이, 바다 위에서 배를 모는 키잡이와는 다른 방식으로 자신의 몸에 살고 있음을 깨달았다. 그는 자신이 육체와 결합되어 있고 뒤섞여 있음을 알게 되었다. 그래서 바뤼흐에게 발가락을 물렸을 때 고통을 느꼈던 것이다. 난파 당한 자신의 배에서 무언가가 부서지고 있는 것을 그저 쳐다봐야 하는 선장과는 달리 말이다. 데카르트 선생은 자신을 못살게 구는 짐승을 쫓아 버리기 위해 가능한 노력을 다하는 것이 유익하고 마땅한 일이라고 판단했다. 그는 콕콕 쪼인 자신의 새끼발가락을 생각하면서 자신의 감각이 거짓일 때보다는 참일 때가 훨씬 더 많다는 사실을 깨달았다. 게다가 그는 같은 사실을 관찰해 보기 위해 그 감각들 중 몇 가지를 사용해 볼 수 있었고, 기억을 불러일으켜 현재 알고 있는 것과 과거에 알고 있었던 것들을 서로 연결시킬 수도 있었다.

"내가 잠들었을 때 꿈속에서 그랬던 것처럼, 만일 바뤼흐가 나타났다가 갑자기 사라진다면 그것은 진짜 새라기보다는 유령이거나 내 머릿속에서 만들어 낸 허상일 것이다. 하지만 이제 나는 내가 꿈을 꾸고 있지 않음을 알고 있다. 왜냐하면 내 몽상들은, 내가 깨어났을 때 계속되는 내 삶처럼 결코 서로 조화를 이루지 못하기 때문이다."

바뤼흐는 자신의 주인 앞을 평화스럽게 오갔다. 데카르트 선생은 이 같은 아름다운 아침과 자신의 남은 삶을 연결 지을 수 있었다.

그는 거리의 소음에 귀를 기울이고, 따뜻한 태양을 즐기며, 자신의 모든 감각과 기억, 그리고 이해력을 불러내었다. 그리고 그중 어떤 것도 또 다른 것들과 잘못 연결된 것은 없다는 사실을 깨달았다. 데카르트 선생은 더 이상 자신이 느낀 감각들이 진짜라는 사실을 의심하지 않았다.

의심과 회의로 자아에 다다른 철학자 데카르트를 말하다_ I

프랑스 철학자 르네 데카르트René Descartes는 근대 철학의 아버지로 불린다. 데카르트가 살았던 시대는 아리스토텔레스로부터 이어 온 스콜라 철학의 전통이 흔들리고 계몽주의 시대가 시작되는 시기였다. 앞선 시대에 코페르니쿠스는《천체의 회전에 관하여》(1543)라는 책을 통해 지구가 태양의 주위를 돈다는 지동설을 발표한 바 있고, 갈릴레오는 망원경으로 달과 목성 등을 관찰하여 코페르니쿠스의 생각이 옳았음을 입증하였다. 코페르니쿠스의 논쟁과 갈릴레오의 재판은 데카르트가 철학의 길을 가는 데 큰 영향을 끼친 사건들이었다. 이들과 같은 견해를 가지고 있었던 데카르트는 코페르니쿠스적 관점에서 우주를 다룬 논문 〈천체론Le Monde〉의 집필을 거의 완성하였으나 갈릴레오의 재판 소식을 듣고 출간을 포기했다고 전해진다. 그럼에도 데카르트는 이성과 관찰에 토대를 둔 과학적 방법을 철학에 도입함으로써 고대의 사상과 단절하고 철학의 새로운 시대를 연 근대 철학의 창시자로 손꼽힌다.

데카르트는 1596년 3월 31일 프랑스 투랜 지방 투르 인근의 소도시 라에La Haye에서 태어났다. 아버지는 법조인이자 렌느 지방 의원이었고 어머니는 낭트 시장의 딸이었다. 데카르트가 태어난 지 13개월 만에 어머니는 세상을 떠났고 할머니와 유모의 손에 큰 데카르트는 어려서부터 질문이 많아 어린 철학자라고 불렸다. 11세에 예수회 신학교 라 플레슈에 들어간 데카르트는 18세까지 물리학과 수학, 철학 수업을 들었다. 지적으로 조숙했으나 몸이 허약했던 탓에 학교의 배려로 아침 수업을 듣지 않고 늦잠을 잘 수 있었던 데카르트는 성인이 되어서도 오전 내내 늦잠을 자고 사색하며 침대에서 많은 시간을 보내곤 하였다. 그러던 중 스웨덴의 크리스티나 여왕이 그에게서 철학 수업을 듣고자 청했고 여왕의 부지런한 습관에 따라 수업은 새벽 5시부터 시작되었다. 데카르트는 일생을 이어 온 늦잠 습관을 버려야 했고 이는 곧 건강 악화로 이어졌다. 1650년 2월 11일 데카르트는 스웨덴의 스톡홀름에서 병으로 사망한다.

이 책에서 데카르트를 군인이자 여행가로 설명한 것은 그가 군 복무를 했고 유럽 각지를 떠돌았기 때문이다. 그는 1616년 프와티에대학에서 법학사를 받은 뒤 1618년 네덜란드의 귀족 모리스 드 나소가 지휘하는 군사학교에 입대하였다. 군대 생활을 하면서 암스테르담, 폴란드, 보헤미아, 프랑크푸르트 등지를 떠돌아다닌 그는 1626년에서 1628년까지 다시 파리에 머물렀고, 1629년 봄이 되어 네덜란드에 완전히 자리를 잡았다. 그곳에서 데카르트는 프라네케르대학에 등록했고 연구에 몰두했다. 이 책에서 빈번하게 등장하는 활활 타오르는 난로 이야기도 그의 삶에서 빠트릴 수 없는 중요한 에피소드 중 하나이다. 지금은 원본이 사라지고 없지만 그가 유럽 각지를 떠돌아다닐 때의 기록인《개인적 사유 Cogitationes privatae》(1619)에 따

르면, 1619년 11월 10일 겨울, 난로에 불을 지펴 놓고 바라보던 데카르트는 거기에서 '세 개의 꿈과 환영'을 보았다고 한다. 그는 그 꿈을 통해 환영을 보고 자신의 미래와 소명에 대해 생각하게 되었다고 한다. 또한 데카르트가 난롯가에서 렌즈를 들여다보는 장면은 그의 '굴절광학'에 대한 관심을 보여 준다. 그는 빛의 굴절 원리를 연구하고 렌즈를 가공했으며 나아가 천체의 운동 원리를 밝히려 했다.

데카르트의 정신세계에서 자주 언급되는 'Malin génie'는 사악한 혹은 심술궂은 악마, 정령 등의 의미로 해석된다. 다만 데카르트는 이를 종교적 혹은 도덕적 의미로 사용하지 않았고, 우리의 정신을 혼란에 빠트리거나 기만하는 신이라는 의미로 사용했다. 따라서 'Malin génie'는 '사악한 정령' 정도로 풀이할 수 있을 것이다. 데카르트가 만들어 낸 이 개념은 우리의 판단력을 흐리게 하고 일체의 상식과 자명한 원리까지도 헛된 생각으로 치부하게 만드는 어떠한 힘의 존재를 일컫는 데 사용된다. 즉 사악한 정령이 우리가 감각을 통해 얻은 지식을 의심하게 만들고 우리의 지각과 사고를 뒤에서 조정한다는 것이다. 데카르트는 《방법서설Discours de la méthode》(1637) 2부의 첫 번째 규칙에서 "명백하게 사실이라고 인식된 것 이외에 그 무엇도 참된 것으로 받아들이지 말 것"을 명시한다. 그는 명백한 수학적 증명은 물론 자신이 느끼는 일체의 감각까지도 모두 의심하기 시작한다. 이러한 의심과 회의로부터 명백한 단 한가지의 사실, 즉 '스스로 의심하고 있다는 사실은 결코 의심할 수 없다'는 것을 깨닫는다. 데카르트는 의심하는 주체인 내가 존재한다는 분명한 사실로부터, '코기토 에르고 숨Cogito, ergo sum', 즉 '나는 생각

한다, 그러므로 나는 존재한다'라는 철학의 제1 명제에 이르게 된다.

다음으로 우리는 형태가 변하는 밀랍, 유령과 같은 모습을 한 사람들, '자동기계' 같은 앵무새의 모습, 실제 크기와 다르게 느껴지는 태양 등에 관한 에피소드에 주목하게 된다.
밀랍의 본질은 변하지 않지만 녹기 시작함에 따라 그 형태가 변하고 느낌도 달라진다. 사람들과 동물들은 의식 없이 단지 기계적으로 작동하는 '자동인형' 혹은 '자동기계'처럼 느껴진다. 우리가 보는 태양은 실제의 태양과 같은 크기가 아니다. 즉 우리가 보는 태양은 가까이 있든 멀리 있든 항상 동일한 것이지만 마음속의 관념과 외부의 사물이 서로 일치하지 않기 때문에 다르게 보이는 것이다. 이와 같은 데카르트의 회의와 의심은 세계가 정신과 물질로 이루어져 있다는 이원론적 세계관으로도 나타난다. 그는 정신의 근본은 '생각'으로, 물질은 '크기'로 이루어져 있다고 보았다. 그는 이러한 세계관을 바탕으로 정신이 어떻게 육체를 움직이는지 또 육체가 어떻게 정신에 영향을 미치는지 알아내고자 했다. 데카르트는, "영혼은 육체가 받는 자극을 통해 표상을 형성한다"고 생각했지만 정신과 육체의 상호관계에 대한 완전한 규명에까지는 이르지 못했다. 다만 이 책에서 "무한하고 영원하며 아주 강

력한 어떤 것에 관한 생각을 발견했다…… 그는 그 같은 생각을 '신'이라고 불렀다"고 언급되듯이, 데카르트는 유한하고 불안전한 존재인 내가 무한하고 영원불멸한 존재인 신에 대한 관념을 가질 수 있는 것은 오직 신의 능력 덕분이라고 생각했다. 즉 완전한 존재인 신이 불안전한 존재인 나의 정신 속에 완전한 관념을 집어넣었다는 것이다. 이것이 바로 데카르트의 신의 존재에 대한 증명이다.

데카르트가 후대에 미친 철학적 영향력은 매우 크다.

데카르트가 발전시킨 물질의 이원론은 네덜란드의 철학자 스피노자와 프랑스의 철학자 말브랑슈에게 큰 영향을 미쳤으며 그의 철학적 원칙은 19세기 프랑스의 공상적 사회주의 사상가 생시몽과 실증주의적 사상에 직접적인 영감을 주기도 하였다. 또한 그의 철학은 오늘날에도 정신과 육체의 관계에 대한 수많은 논쟁거리를 제공하고 있다. 물론 그 출발점은 "나는 생각한다, 그러므로 나는 존재한다"라는 철학적 명제이다.

옮긴이 박아르마

끊임없는 사유로 근대 철학의 문을 연 철학자 데카르트를 말하다_Ⅱ

1633년 4월 어느 날, 지동설을 주장한 죄로 백발의 노인이 로마교황청에 의해 고소당한다. 이 노인은 1632년 《프톨레마이오스와 코페르니쿠스의 우주에 관한 이야기》라는 유명한 책을 발표하였다. 두 달 후 그는 재판정에서, 앞으로는 어떤 경우에도 지동설에 관한 이야기를 하지 않겠다고 약속하였다. 하지만 우리는 재판정을 나오며 그가 했다는 유명한 말(사실이든 아니든)로 그를 기억한다. "그래도 지구는 돈다." 바로 갈릴레오 갈릴레이다.

갈릴레이에게 가장 큰 영향을 끼친 천문학자는 1473년 폴란드에서 태어난 코페르니쿠스이다. 당시 모든 천문학자는 태양이 지구를 돈다는 천동설을 믿고 있었다. 아니, 종교가 그렇게 믿게 했다. 이 천동설에 따라 코페르니쿠스는 움직이지 않는 지구에서 움직이는 천체를 관찰하였다. 하지만 자신이 원하는 답이 나오지 않자 관찰자와 관찰 대상을 바꾸어 보기로 한 것이다. 즉 관찰자인 자신이 서 있는 지구가 움직이고 관찰 대상인 천체가 움직이지 않는다는 가설을 세운 것이다. 그리고 그는 자신이 원하던 답을 얻었다. 이것이 그 유명한 '코페르니쿠스의 전환' 혹은 '코페르니쿠스의 혁명'이다. 코페르니쿠스의 지동설은 17세기에 이르러 갈릴레이 외에도 베이컨, 뉴턴, 데카르트, 파스칼 등 수없이 많은 철학자와 과학자들에게 영향을 끼쳤고, 그래서 영국의 철학자 화이트헤드는 17세기를 "천재의 세기"라고 부르기도 하였다. 이렇게 17세기에 발달한 철학과 과학은 근대 사람들이 오늘날 우리에게 남긴 유산의 일부임에 틀림없다.

천재의 세기를 이끈 철학자 중에서도 데카르트와 파스칼은 빼놓을 수 없다. 프랑스에서 이런 위대한 철학

자들이 나올 수 있었던 것은 프랑스의 학문적인 분위기 때문이었다. 프랑스 카페 왕조의 제7대 왕이었던 필리프 2세Philip Ⅱ. 1165~1223는 십자군에 참전한 왕이기도 하지만 유럽에서 처음으로 철학을 가르치기 위해 파리대학을 개교한 왕이기도 하다. 프랑스가 종교적·정치적인 문제로 수많은 전쟁과 내란을 겪는 중에도 필리프의 학문에 대한 열정과 노력은 살아남았고, 이후 프랑스의 절대군주 아래서도 찬란한 꽃을 피울 수 있었다. "내가 곧 국가다"라는 말로 유명한 절대군주의 대명사 루이 14세 또한 1666년 유럽에서 처음으로 과학연구소를 세웠고 과학의 발전을 위해 노력하였다. 그러한 노력으로 프랑스 파리에서는 문학 살롱들이 앞다투어 문을 열었고, 파리대학을 중심으로 프랑스의 학문이 발전할 수 있게 되었다. 절대군주였던 루이 14세가 오늘날 '태양왕太陽王'이라고 불리는 이유가 바로 그것이다.

유럽의 다른 나라에 비해 자유로운 학문적 분위기를 띄었던 프랑스도 종교에 대해서만큼은 크게 다르지 않았다. 특히 갈릴레오 갈릴레이의 재판은 프랑스의 많은 학자들에게 큰 영향을 끼쳤고, 데카르트도 예외가 될 수 없었다. 데카르트는 아주 조심스럽게 종교 문제에 접근할 수밖에 없

었고 이런 그를
두고 사람들은
소심한 철학
자 혹은 의
심 많은 철
학 자 라 고
부르기도 한
다. 그러나 11
세부터 18세까지
예수회 신학교인 라
플레슈에서 교육을 받은 그
로써는 종교에 대해 어느 정도 소심한 태도를 가질 수
밖에 없었을 것이다.

다양한 과목 중에서도 특히 수학을 좋아한 데카르트
는 철학도 수학처럼 확실한 증명이나 공리로써 확고
한 학문으로 자리 잡기를 원했다. 이런 그의 생각이 그
를 의심 많은 철학자로 만든 가장 큰 이유이다. 확실
하다는 것, 어떤 경우에도 틀리지 않는다는 것. 이런
것들은 어떤 경우에도 틀리지 않는 공리를 바탕으로
증명을 하는 수학에서는 분명히 가능하다. 그러나 생
각을 중심으로, 있는 것인지 없는 것인지도 모르는 철
학의 대상을 연구하는 일은 결코 쉽지 않다. 그래서 데
카르트는 더더욱 철학에서 확실한 어떤 것을 찾고자
하였다. 오늘날 우리가 데카르트의 철학을 '의심의 철
학' 혹은 '회의의 철학'이라고 부르는 데에는 바로 이
러한 바탕이 있다.

데카르트는 사람들이 진리라고 생각하고 믿는 모든
것을 의심하였다. 그렇게 의심을 하다보면 도저히 더
이상은 의심할 수 없는 어떤 것이 있으리라 믿었다. 만
약 그런 것이 있다면 그것은 수학의 공리처럼 확실한

것이리라 생각했다. 데카르트가 무엇을 의심했는지 알
아보기 전에 그가 의심하기 위해 정한 네 가지 법칙을
보자.

1. 명증의 법칙: 아무리 의심하여도 명석하고 분명한
   것이 아니면 진리로 인정하지 않는다.
2. 분석의 법칙: 복잡한 것에서 단순한 것으로 분류하
   여 의심한다.
3. 종합의 법칙: 가장 단순한 것에서부터 가장 복잡한
   것으로 종합해 간다.
4. 열거의 법칙: 분석과 종합의 과정에서 빠진 것이 없
   는지 열거하면서 다시 반복한다.

이상 네 가지 법칙에 따라 데카르트가 의심의 대상으
로 정한 것은 다음과 같다.

1. 중세 철학에 대한 의심

중세 철학은 주로 신에 대한 문제를 다루었다. 데카르
트는 그리스도 교리는 종교 지도자에 의해 일방적으
로 강요된 진리이므로 중세 철학의 이론과 학문은 인
간의 이성으로 다시 비판되어야 한다고 생각했다.

2. 상식이라는 진리

상식과 진리는 다르다. 우리는 상식을 과학적인 검증
이나 철학적인 비판 없이 받아들인다. 데카르트는 이
성으로 검증되지 않은 이런 상식을 철학적인 원리로
받아들일 수 없다고 생각했다.

3. 개인의 주관적인 편견과 선입관

많은 사람들이 편견과 선입관을 가지고 산다. 그러나
이것은 진리에 도달하는 데 어떠한 도움도 되지 않고
오히려 많은 오해를 낳을 수 있다고 데카르트는 생각
했다.

4. 전통과 관습

철학적 진리는 동서고금을 초월한다. 그러나 각 나라에서 권위와 진리로 인정받는 전통과 관습은 시간과 공간을 초월해 타당성을 인정받기가 쉽지 않다. 따라서 전통과 관습은 결코 진리로 인정할 수 없다고 데카르트는 생각했다.

5. 영국 경험론이 주장한 귀납법

하나하나의 사건이 모여 참이라는 진리를 이끌어 내는 것이 영국의 경험론이다. 그러나 우리는 모든 사건을 다 경험할 수 없다. 경험론자들이 주장하는 것처럼 하나하나의 관찰이나 실험은 정확한 지식이나 진리를 가져다주지만, 모든 것을 다 경험할 수 없기에 보편적이고 일반적인 지식이 될 수 없다고 데카르트는 생각했다.

6. 인간의 다섯 가지 감각

인간의 다섯 가지 감각으로 무언가를 완벽하게 아는 일은 불가능하다. 그러므로 감각적 경험으로 얻은 지식은 믿을 수 없다고 데카르트는 생각했다.

7. 꿈과 현실의 구별

모든 인간은 꿈을 꾼다. 그리고 그 꿈이 현실이기를 바란다. 때로는 현실이 꿈이기를 바라기도 한다. 데카르트는 우리의 삶이 꿈이고, 우리의 꿈이 삶이 아닌가 의심한다.

8. 수학적 진리

데카르트는 5 더하기 7은 12가 아니라 13이나 14일지도 모르는데, 우리가 5 더하기 7을 계산할 때마다 악마가 나타나 귀에다가 속삭여 12라고 생각하는 것은 아닌가 의심한다.

데카르트는 이렇듯 지금까지 사람들이 알고 있는 모든 지식을 의심하였다. 비록 그것이 확실한 수학적 지식이든 말도 안 되는 상상과 같은 꿈이든 상관하지 않고 의심하였다. 이러한 데카르트의 의심은 결국 더 이상 의심하려 해도 의심할 수 없는 진리를 발견하면서 멈추었다.

"나는 생각한다, 그러므로 나는 존재한다."

아무리 의심하려 해도 더 이상 의심할 수 없는 것, 그것은 의심하는 자신의 생각뿐이라고 데카르트는 생각했다. 수학의 공리처럼 아무리 의심하려 해도 더 이상 의심할 수 없는 것을 철학에도 적용시키고자 지금까지의 모든 학문들과 상식으로 통하는 진리를 의심한 결과 데카르트는 더 이상 의심할 수 없는 확실한 진리를 찾은 것이다.

데카르트는 생각을 움직이는 것을 사람의 정신이라 보고 정신의 문제를 자신의 철학의 기본으로 삼는다. 불을 밝힌 양초가 녹아내리며 향과 색깔, 모양이 변하듯 사람의 육체도 세월에 따라 변해 가지만 불을 밝힌다는 초의 원래 성질이 변하지 않듯 사람의 원래 성질인 정신은 변하지 않는다고 데카르트는 보았다.

"나는 생각한다, 그러므로 나는 존재한다"를 중심으로 인간은 생각하는 존재이며, 마음이며, 지적능력이며, 정신이고 이성이라고 본 데카르트는 정신이 물질보다 더 확실하고 정신 중에

서도 나의 정신이 다른 사람의 정신보다 더 확실하다는 생각을 갖게 되었다. 이렇게 생각하는 확실한 나의 존재는 더 이상 의심하려야 의심할 수 없는 확실한 진리인 것이다. 데카르트는 모든 철학이 확실한 진리를 얻기 위해서는 생각하는 인간의 정신에서부터 모든 문제를 풀어 나가야 한다고 주장하였다.

당시 프랑스 파리는 많은 사상가들이 모여 서로의 사상을 나누느라 정신없는 도시였다. 그래서 데카르트는 자신만의 생각에 잠기기 위해 늘 조용한 곳을 찾아다녀야 했다. 네덜란드와 독일을 여행하고 군에도 입대하며 세상과 인간에 대해 알고자 노력했던 데카르트는 당시 유럽에서 정치적으로나 종교적으로 매우

안정된 나라였던 스웨덴 왕실의 초대를 받아 크리스티나 여왕의 스승이 되었다. 당시 스웨덴을 통치하고 있었던 크리스티나 여왕도 철학을 비롯한 새로운 학문에 관심이 많았다. 고민하던 데카르트에게 여왕은 자신의 함대까지 보내며 스승이 되어줄 것을 청했고, 데카르트는 스웨덴으로 건너가 크리스티나 여왕의 학문적 스승이 되었다. 그러나 '생각했고, 그러므로 존재했던' 근대 철학의 창시자 데카르트는 안타깝게도 스웨덴의 추운 겨울 날씨에 적응하지 못하고 이듬해 세상을 떠났다.

철학자 서정욱

데카르트를 더 알고 싶다면

《데카르트의 비밀 노트》, 아미르 D. 악젤 지음, 김명주
　　옮김, 한겨레출판사, 2007
《데카르트의 삶과 진리추구》, 이종훈 지음, 이담북스,
　　2012
《데카르트가 사랑한 사팔뜨기 소녀》, 앙리 페나 뤼즈
　　지음, 임왕준 옮김, 이마주, 2008
《뉴턴 & 데카르트 : 거인의 어깨에 올라선 거인》, 박
　　민아 지음, 김영사, 2006

옮긴이 박아르마

서울대학교 대학원에서 프랑스 현대문학을 전공하여 박사 학위를 받았다. 지금은 건양대학교에 재직하면서 글쓰기와 토론 강의를 하고 있다. 지은 책으로《글쓰기란 무엇인가》《투르니에 소설의 사실과 신화》가 있고, 번역한 책으로《로빈슨》《유다》《살로메》《노트르담 드 파리》《춤추는 휠체어》《까미유의 동물 블로그》《에드몽 아부의 오리엔트 특급》《축구화를 신은 소크라테스》등이 있다.

해제 서정욱

독일 하이델베르크대학교에서 철학박사 학위를 받았다. 현재는 배재대학교에서 철학을 가르치고 있다.
평소 철학적 사고는 어릴 때부터 이루어져야 한다는 생각을 가지고 어린이 철학과 철학의 대중화에 늘 관심을 가졌으며,《만화 서양철학사》를 발표함으로써 철학동화를 쓰기 위한 기초를 다졌다. 이후 초등학생과 중학생들을 위한 철학동화시리즈《거짓말과 진실》《지혜를 사랑하는 사람들》《플라톤이 들려주는 이데아 이야기》《푸코가 들려주는 권력이야기》등을 발표하였고, 철학과 역사, 문학을 접목한《필로소피컬 저니》(문화관광부선정 우수교양도서)를 비롯해《철학의 고전들》(한국간행물윤리위원회선정 청소년권장도서)《철학, 불평등을 말하다》《배부른 철학자》등을 통해 청소년과 성인을 위한 즐거운 철학 읽기를 시도하고 있다.

데카르트의 사악한 정령

"데카르트"

DESCARTES

초판 1쇄 발행 2013년 4월 1일

지은이 장 폴 몽쟁
그린이 프랑수아 슈웨벨
옮긴이 박아르마
펴낸이 양소연

기획편집 함소연 **디자인** 하주연 이지선
마케팅 이광택 **관리** 유승호 김성은 **인터넷사업부** 백윤경 이정돈

펴낸곳 등록번호 제25100-2001-000043호 등록일자 2001년 11월 14일

주소 서울시 금천구 가산동 60-3 대륭포스트타워 5차 1104호
대표전화 02-2103-2480 **팩스** 02-2624-4240 **홈페이지** www.cobook.co.kr
ISBN 978-89-97680-04-7(04110)
        978-89-97680-00-9(set)

함께읽는책은 도서출판 나눔의집의 임프린트입니다.